Viel Glück

und liebe Wünsche

GROH

DIE STILLEN KLEINIGKEITEN sind es, die oft das größte Glück schenken: eine duftende Tasse Kaffee, eine liebevolle Umarmung oder ein Kompliment. Kurze, aber bedeutungsvolle Momente, die den Tag ein bisschen heller und schöner machen – die wünsche ich dir in Fülle.

GLÜCK UND GUTE LAUNE gehen Hand in Hand. Dass du jeden Tag etwas findest, das dir ein Lächeln aufs Gesicht zaubert, das wünsche ich dir.

DAS GLÜCK ist leicht und frei wie ein Schmetterling. Ich wünsche dir viele tanzende Schmetterlinge in deinem Leben. Fliegt einer davon, lässt sich ein anderer nieder.

Leben allein genügt nicht, sagte der Schmetterling, Sonnenschein, Freiheit und eine kleine Blume muss man auch haben.

Hans Christian Andersen

WENN MAN GANZ GENAU HINSIEHT,

stellt man fest, dass das Glück überall blüht – manchmal auch im Verborgenen. Dass du das Glück erkennst und es ergreifst, wenn es deinen Weg kreuzt, das wünsche ich dir.

GLÜCK ERKENNT MAN NICHT MIT DEM KOPF,
SONDERN MIT DEM HERZEN.

AUS NORWEGEN

Glück

VIELE WEGE führen zum Glück. Ich wünsche dir, dass du den Weg findest, der am besten zu dir passt – und dass du ihn mit Freude und Zuversicht gehst.

Glück
Glück
Glück

EIN ZIEL ZU ERREICHEN, in das man viel Zeit und Energie gesteckt hat, ist ein besonderes Glücksgefühl. Ich wünsche dir, dass du diesen Erfolg aus vollem Herzen genießt und so richtig stolz auf dich bist.

DER LANGSAMSTE, DER SEIN ZIEL NICHT AUS DEN AUGEN VERLIERT, GEHT IMMER NOCH GESCHWINDER ALS DER OHNE ZIEL UMHERIRRT.

GOTTHOLD EPHRAIM LESSING

ES GIBT TAGE, an denen du vielleicht zweifelst und dich fragst, ob dein Glücksstern dich verlassen hat. Doch was sich heute als Hindernis zeigt, kann sich morgen schon als dein Glück erweisen. Dass du Durststrecken mit Zuversicht und Optimismus meisterst, das wünsche ich dir.

GLÜCK bedeutet manchmal auch, sich von etwas trennen müssen. Wenn du erkennst, was deinem Glück im Wege steht, dann wünsche ich dir den Mut loszulassen und frei zu werden, so dass dir Neues, Gutes zufliegen kann.

WENN DU LOSLÄSST,
HAST DU ZWEI HÄNDE FREI.

AUS CHINA

DEM LEBEN VERTRAUEN,

das ist Glück. Den Dingen einfach mal ihren Lauf
zu lassen und zuversichtlich das Beste erhoffen.

GLÜCK HEISST manchmal einfach nur zur richtigen Zeit am richtigen Ort sein. Dass du hin und wieder ein richtiger Glückspilz bist, das wünsche ich dir.

GLÜCK IST SCHARFSINN FÜR GELEGENHEITEN UND DIE FÄHIGKEIT, SIE ZU NUTZEN.

SAMUEL GOLDWYN

ICH WÜNSCHE DIR Spaß an Begegnungen mit netten Menschen. Freude am Entdecken von Gemeinsamkeiten, aber auch Liebe zum Einzigartigen. Und vielleicht werden aus einigen neuen Bekannten auch echte Freunde.

Es sind die Begegnungen mit Menschen,
die das Leben lebenswert machen.

Guy de Maupassant

WAS GIBT ES SCHÖNERES als einen entspannten Tag mit Freunden oder der Familie zu verbringen? Ich wünsche dir viele glückliche Stunden im Kreise von Menschen, die du ins Herz geschlossen hast.

GLÜCK IST, FREUNDE ZU HABEN.

AUS SCHOTTLAND

NICHTS hilft dem eigenen Glücksgefühl leichter auf die Sprünge, als anderen zur Hilfe zu kommen oder ihnen eine kleine Freude zu machen. Ich wünsche dir, dass alles, was du gibst, tausendfach zu dir zurückkommt.

WO MAN LIEBE SÄT,
DA WÄCHST FREUDE EMPOR.

SPRICHWORT

DU VERLANGST dir selbst einiges ab. Doch nicht immer läuft alles nach Plan. Ich wünsche dir Gelassenheit, Geduld und Nachsicht – auch mit dir selbst: Das sind drei große Schritte auf dem Weg zum Glück.

GLÜCK IST DORT, wo man sich wohlfühlt, wo es Menschen gibt, die man mag. Wo einem die Tür offen steht, egal ob man mit Freude oder Sorgen kommt, wo man miteinander lachen und miteinander weinen kann.
Einen solchen Ort wünsche ich dir.

KINDER SIND DEM GLÜCK GANZ NAH.

Sie leben im Hier und Jetzt. Für sie ist jeder Tag ein Abenteuer und es gibt immer wieder Neues zu entdecken. Dass auch du hin und wieder solche unbeschwerten, sorglosen Augenblicke genießen kannst, das wünsche ich dir.

WENN DU ETWAS TUST, das dir richtig Freude macht und dich so in Atem hält, dass du darüber die Zeit vergisst, dann reitest du auf einer Welle von Glück. Dass du solche Momente erlebst, das wünsche ich dir.

GLÜCK KANN SO EINFACH SEIN!

Ich wünsche dir, dass du dir ab und zu etwas gönnst, was deine Seele streichelt. Koste es ganz aus und lass dir das Glück genussvoll auf der Zunge zergehen.

WER SAGT, DASS MAN
GLÜCK NICHT ESSEN KANN?

NINA SANDMANN

EIN WALDSPAZIERGANG nach dem Regen, eine sternenklare Sommernacht, die würzige Luft eines frischen Morgens ... das sind wunderbare Glücksmomente, die uns die Natur schenkt. Ich wünsche dir viel Freude daran.

Entspanne dich, lass das Steuer los,
trudle durch die Welt, sie ist so schön.

Kurt Tucholsky

ICH WÜNSCHE DIR EIN HERZ, in dem die Zufriedenheit wohnt. Denn Dankbarkeit für das Schöne im Leben und die Erkenntnis, dass man zum Glücklichsein nur wenig benötigt, trägt dich durch alle Lebenssituationen.

ICH WÜNSCHE DIR entspannte Stunden, die ganz dir gehören. Zeit, in der du nichts tun musst, sondern einfach nur sein darfst.

GLÜCKSREZEPTE gibt es so viele, wie es Menschen gibt. Dass du deines immer wieder mit neuen Zutaten verfeinerst, veränderst und es deiner Lebenssituation anpasst, das wünsche ich dir. Denn Glück lebt auch von Abwechslung und dem Mut, Neues auszuprobieren.

WER STÄNDIG GLÜCKLICH SEIN MÖCHTE,
MUSS SICH OFT VERÄNDERN.

KONFUZIUS

EINE HANDVOLL GLÜCK steckt in jedem Tag, und das Leben hält viele schöne Überraschungen für dich bereit. Lass dich vom Glück beschenken!

SCHREIBE ES IN DEIN HERZ, DASS
JEDER TAG DER BESTE TAG DES JAHRES IST.

RALPH WALDO EMERSON

Wunschüberbringer

In dieser Reihe sind außerdem erschienen:

ZUM GEBURTSTAG VIEL GLÜCK
ISBN 978-3-86713-505-4

FÜR FREUNDE WIE DICH
ISBN 978-3-86713-509-2

WÜNSCHE VON HERZEN
ISBN 978-3-86713-506-1

Über die Autorin:
Franziska Siegel, geboren 1971 in Frankfurt a. M., lebt mit ihrem Mann und Töchterchen Louisa in Leonberg bei Stuttgart. Sie ist freiberufliche Werbetexterin und schreibt nebenbei auch Gedichte und Erzählungen.

Bildnachweis:
Titel, Rückseite, S. 17: Ocean/Corbis; S. 3: Elena Moiseeva/fotolia; S. 4/5, 10/11, 27, 31, 41, 45: iStockphoto/Thinkstock; S. 7: Harry Choi/TongRo/Corbis; S. 9: Lina Cro/fotolia; S. 13: Frank Krahmer/Corbis; S. 15: Frans Lemmens /Stone/Getty Images; S. 18/19: Yoichi Kamihara/amana images/Getty Images; S. 21: iStockphoto/Nikola Miljkovic; S. 23: Frans Lanting/Corbis; S. 25: Steve Dalton/Red Cover/Getty Images; S. 28/29: Chris Hackett/Getty Images; S. 33: Brand X Pictures/Jupiterimages/Thinkstock; S. 34/35: Hemera/Thinkstock; S. 37: Miki Duisterhof/Photographer's Choice/Getty Images; S. 39: iStockphoto/AVTG; S. 42/43: Terry W. Eggers/Corbis; S. 47: Scott Speakes/Corbis.

Textnachweis:
Wir danken allen Autoren bzw. deren Erben, die uns freundlicherweise die Erlaubnis zum Abdruck ihrer Texte gegeben haben.

Idee und Konzept:
Groh Verlag.

ISBN 978-3-86713-508-5

117003-4355-02

Ein Lächeln schenken

Geschenke sollen ein Lächeln auf Gesichter zaubern und die Welt für einen Moment zum Stehen bringen. Für diesen Augenblick entwickeln wir mit viel Liebe immer neue GROH-Geschenke, die berühren.

In ihrer großen Themenvielfalt und der besonderen Verbindung von Sprache und Bild bewahren sie etwas sehr Persönliches.

Den Menschen Freude zu bereiten und ein Lächeln zu schenken, das ist unser Ziel seit 1928.

Ihr

Joachim Groh

GROH